团 体 标 准

公路斜拉桥索塔分组集聚锚固设计与施工技术规程

Technical Specification for Design and Construction of Cable Grouped Aggregation Anchor on Pylon for Highway Cable-stayed Bridge

T/CHTS 10185—2025

主编单位：安徽省交通控股集团有限公司
发布单位：中国公路学会
实施日期：2025 年 1 月 22 日

人民交通出版社

北 京

图书在版编目(CIP)数据

公路斜拉桥索塔分组集聚锚固设计与施工技术规程/安徽省交通控股集团有限公司主编. —北京:人民交通出版社股份有限公司,2025.1. —ISBN 978-7-114-20140-0

Ⅰ. U448.14-65
中国国家版本馆CIP数据核字第20259FL345号

标准类型：团体标准
标准名称：**公路斜拉桥索塔分组集聚锚固设计与施工技术规程**
标准编号：T/CHTS 10185—2025
主编单位：安徽省交通控股集团有限公司
责任编辑：郭晓旭　韩亚楠
责任校对：赵媛媛　魏佳宁
责任印制：张　凯
出版发行：人民交通出版社
地　　址：(100011)北京市朝阳区安定门外外馆斜街3号
网　　址：http://www.ccpcl.com.cn
销售电话：(010)85285857
总 经 销：人民交通出版社发行部
经　　销：各地新华书店
印　　刷：北京交通印务有限公司
开　　本：880×1230　1/16
印　　张：1.5
字　　数：36千
版　　次：2025年1月　第1版
印　　次：2025年1月　第1次印刷
书　　号：ISBN 978-7-114-20140-0
定　　价：24.00元

(有印刷、装订质量问题的图书,由本社负责调换)

中国公路学会文件

公学字〔2025〕9号

中国公路学会关于发布《公路斜拉桥索塔分组集聚锚固设计与施工技术规程》的公告

现发布中国公路学会标准《公路斜拉桥索塔分组集聚锚固设计与施工技术规程》(T/CHTS 10185—2025),自2025年1月22日起实施。

《公路斜拉桥索塔分组集聚锚固设计与施工技术规程》(T/CHTS 10185—2025)的版权和解释权归中国公路学会所有,并委托主编单位安徽省交通控股集团有限公司负责日常解释和管理工作。

中国公路学会

2025年1月9日

前　言

本规程是在系统总结我国斜拉桥索塔分组集聚锚固研究成果和工程实践经验的基础上编制的。

本规程按照《中国公路学会标准编写规则》(T/CHTS 10001—2018)编写,共分为6章,主要内容包括:总则、术语、材料、结构及构造、设计、施工。

本规程的某些内容可能涉及专利,本规程的发布机构不承担识别专利的责任。

本规程由安徽省交通控股集团有限公司提出,并受中国公路学会委托,负责具体解释工作。请有关单位将实施中发现的问题与建议,反馈至安徽省交通控股集团有限公司(地址:安徽省合肥市西藏路1666号,联系电话:18019560737,电子邮箱:46726595@qq.com),供修订时参考。

主编单位:安徽省交通控股集团有限公司。

参编单位:中铁大桥勘测设计院集团有限公司、中交路桥建设有限公司、中交第二航务工程局有限公司、安徽交控工程集团有限公司、交通运输部公路科学研究院。

主要起草人:章征、张强、殷永高、吕奖国、朱福春、余竹、李茜、文坡、尚龙、刁先觉、杨灿文、纪厚强、朱瑞允、朱星虎、王海伟、何文宗、左新黛、李涛、葛德宏、沈宜萍、朱永亮、刘汉勇、蔡銮、陈杨。

主要审查人:李彦武、秦大航、张劲泉、何光、赵君黎、宋宁、袁洪、刘元泉、侯金龙、钟建驰。

目　次

1 总则 ··· 1
2 术语 ··· 2
3 材料 ··· 3
　3.1 混凝土 ··· 3
　3.2 钢材 ·· 3
　3.3 连接件 ··· 3
　3.4 斜拉索锚具与导管 ··· 3
4 结构及构造 ··· 4
　4.1 一般规定 ··· 4
　4.2 结构 ·· 4
　4.3 构造 ·· 6
5 设计 ··· 8
　5.1 一般规定 ··· 8
　5.2 斜拉索分组 ··· 8
　5.3 锚固区混凝土结构 ··· 8
　5.4 钢横梁 ··· 8
　5.5 连接件 ··· 9
　5.6 防护 ·· 9
6 施工 ··· 11
　6.1 钢横梁制造 ··· 11
　6.2 钢横梁安装 ··· 11
　6.3 斜拉索安装 ··· 12
　6.4 质量控制 ··· 12
用词说明 ··· 14

T/CHTS 10185—2025

公路斜拉桥索塔分组集聚锚固
设计与施工技术规程

1 总则

1.0.1 为指导和规范公路斜拉桥索塔分组集聚锚固的设计与施工,制定本规程。

1.0.2 本规程适用于在索塔塔柱之间设置钢横梁锚固钢绞线斜拉索的公路桥梁。

1.0.3 索塔分组集聚锚固的设计与施工除应符合本规程的规定外,尚应符合有关国家、行业现行标准的规定。

2 术语

2.0.1 索塔分组集聚锚固　cable grouped aggregation anchor on pylon

将斜拉索分组集中锚固于索塔塔柱之间设置的钢横梁上。

3 材料

3.1 混凝土

3.1.1 上塔柱混凝土强度等级不宜低于 C50，设计指标应按现行《公路钢筋混凝土及预应力混凝土桥涵设计规范》(JTG 3362)的有关规定取用。

3.2 钢材

3.2.1 钢横梁结构钢材应采用现行《桥梁用结构钢》(GB/T 714)，设计指标应按表 3.2.1 的规定取用。

表 3.2.1 钢横梁钢材强度设计值(MPa)

牌号	质量等级	厚度(mm)	抗拉、抗压和抗弯	抗剪	端面承压
Q345q	D、E	≤50	275	160	355
		>50	270	155	355
Q370q	D、E	≤50	295	170	370
		>50	290	165	370
Q420q	D、E	≤50	335	195	390
		>50	330	190	390
Q500q	D、E	≤60	400	230	455

3.2.2 钢横梁防护罩钢材宜符合《低合金高强度结构钢》(GB/T 1591)的有关规定，其设计指标应按现行《公路钢结构桥梁设计规范》(JTG D64)的有关规定取用。

3.3 连接件

3.3.1 钢横梁与混凝土塔柱的钢拉杆连接件宜采用 40CrNiMoA 合金钢，螺母宜采用 35CrMo，并应按现行《合金结构钢》(GB/T 3077)的有关规定进行调质热处理，其技术性能应符合现行《钢拉杆》(GB/T 20934)的有关规定。

3.3.2 钢横梁与混凝土塔柱的剪力连接件宜采用 ML15 圆柱头焊钉，其技术性能应符合现行《电弧螺柱焊用圆柱头焊钉》(GB/T 10433)的有关规定。

3.4 斜拉索锚具与导管

3.4.1 锚具宜采用优质碳素结构钢或合金结构钢，其性能应符合现行《优质碳素结构钢》(GB/T 699)或《合金结构钢》(GB/T 3077)的有关规定。

3.4.2 导管主体结构宜采用 Q355 钢，其性能应符合现行《低合金高强度结构钢》(GB 1591)的有关规定。

4 结构及构造

4.1 一般规定

4.1.1 钢横梁可采用整体式或节段式。

4.1.2 节段式钢横梁应根据制造、运输条件和吊装能力进行分段，分段位置应避开锚固牛腿和钢锚箱，钢横梁梁端与混凝土的接触部分应划分为整体的块体。

4.1.3 钢横梁内部空间应满足板件焊接以及斜拉索与连接件张拉锚固、检查、更换的需要。

4.1.4 钢横梁顶底板、腹板及竖隔板与预埋板应熔透焊接，钢锚箱承力板与锚垫板之间、锚垫板与横隔板、承力板与横隔板之间应熔透焊接，焊接质量等级应为一级。

4.1.5 钢横梁两端塔壁处应设置进人孔，人孔宽度宜大于400mm，高度宜大于600mm。钢横梁内部应设置检修通道。

4.1.6 锚固区混凝土结构构造应符合现行《公路钢筋混凝土及预应力混凝土桥涵设计规范》(JTG 3362)和《公路斜拉桥设计规范》(JTG/T 3365-01)的有关规定。

4.1.7 钢横梁密封防护罩外形可根据受力和景观需要确定。

4.2 结构

4.2.1 索塔分组集聚锚固体系由钢横梁、连接件、预埋钢板、混凝土塔柱等组成，钢横梁外部应设置密封防护罩，结构形式见图4.2.1-1、图4.2.1-2。

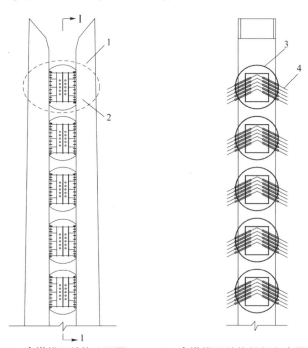

a) 索塔锚固结构立面图　　b) 索塔锚固结构纵桥向布置图（Ⅰ-Ⅰ）

图4.2.1-1 斜拉索塔端分组集聚锚固总体示意图

1-混凝土塔柱；2-索塔分组集聚锚固体系；3-防护罩；4-斜拉索

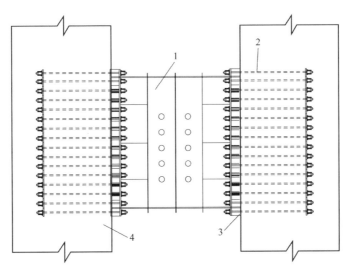

图 4.2.1-2 索塔分组锚固体系组成示意图

1-钢横梁;2-钢拉杆;3-预埋钢板;4-混凝土塔柱

4.2.2 钢横梁组成见图 4.2.2,钢锚箱设置于钢横梁中部,斜拉索锚固于钢锚箱内。

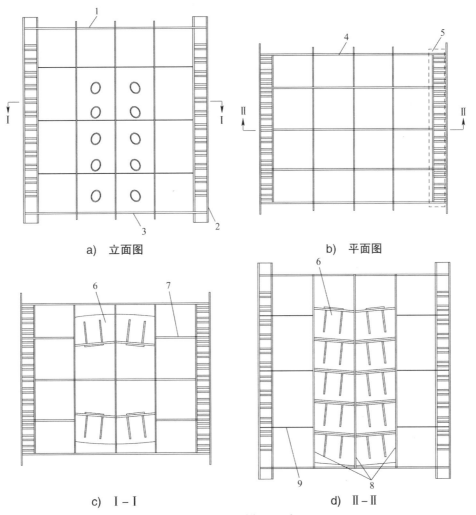

a) 立面图　　　　　　b) 平面图

c) Ⅰ-Ⅰ　　　　　　d) Ⅱ-Ⅱ

图 4.2.2 钢横梁示意图

1-顶板;2-塔柱预埋钢板;3-底板;4-腹板;5-锚固牛腿;6-钢锚箱;7-竖隔板;8-横隔板;9-水平隔板

4.2.3 钢锚箱组成如图 4.2.3 所示。

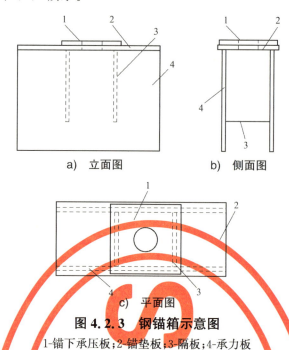

图 4.2.3 钢锚箱示意图
1-锚下承压板;2-锚垫板;3-隔板;4-承力板

4.2.4 钢横梁与塔柱的连接宜按照图 4.2.4 所示的方式连接。

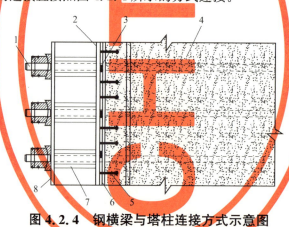

图 4.2.4 钢横梁与塔柱连接方式示意图
1-钢拉杆;2-塔柱预埋钢板;3-短钢筋;4-塔柱;5-剪力钉;6-塔柱主筋;7-支承板;8-垫板

条文说明

钢拉杆施加预紧力使钢横梁端部与混凝土塔柱紧密连接。梁端剪力主要由预埋钢板与塔柱混凝土之间的摩擦阻力传递,剪力钉、短钢筋为第二道防线。

4.3 构造

4.3.1 塔柱横截面宜采用箱形截面,箱内尺寸应满足塔内布设施工及检修升降机等设备的需要。塔柱在顺桥向与钢横梁密贴的壁厚应不小于 1.2m,未直接与钢横梁接触的塔柱壁厚应不小于 0.8m。

4.3.2 钢锚箱承压板尺寸应根据张拉吨位、张拉机具大小和锚具形式等确定,厚度不宜小于 20mm。

4.3.3 钢拉杆应根据受力情况对称布置,间距应满足锚固端张拉设备施工操作要求。

4.3.4 圆柱头焊钉应符合下列要求：

1 圆柱头焊钉应均匀布设于预埋钢板的塔柱侧，并焊接于预埋钢板上。

2 圆柱头焊钉直径、长度、间距以及与边缘距离等构造应符合现行《公路钢结构桥梁设计规范》（JTG D64）的有关规定。

4.3.5 预埋钢板与塔柱竖向主筋之间应均匀布设短钢筋，短钢筋直径宜为 25mm，竖向间距宜取 400mm～600mm，并与预埋钢板和塔柱主筋焊接。

5 设计

5.1 一般规定

5.1.1 宜采用线弹性理论数值仿真方法计算索塔锚固区受力状态，并通过模型试验进行验证。

5.1.2 索塔锚固区有限元分析计算应符合以下规定：

1 局部分析模型的边界条件应依据整体分析的结果确定。
2 钢结构宜采用空间板壳单元。
3 混凝土塔柱宜采用实体单元。
4 预应力钢拉杆或钢绞线宜采用单向受拉单元。
5 剪力钉宜采用刚度等效的梁单元或弹簧单元。
6 预埋板与混凝土塔柱接触面宜采用接触单元。

5.1.3 作用及代表值与组合应符合现行《公路桥涵设计通用规范》(JTG D60)和《公路斜拉桥设计规范》(JTG/T 3365-01)的有关规定。

5.1.4 施工阶段的作用及代表值与组合应符合下列规定：

1 施工人员、施工机具设备、材料堆载、施工期间风荷载等施工荷载应作为可变作用考虑，并应采用现行《公路钢筋混凝土及预应力混凝土桥涵设计规范》(JTG 3362)的标准值。
2 钢拉杆预应力应按设计张拉顺序逐根逐级考虑，并扣除各阶段应力损失。
3 荷载组合系数为1.0。

5.1.5 计算效应设计值应符合现行《公路钢结构桥梁设计规范》(JTG D64)和《公路斜拉桥设计规范》(JTG/T 3365-01)的有关规定。

5.1.6 索塔锚固区结构应进行斜拉索可更换设计。

5.1.7 斜拉索导管角度计算应计入塔柱压缩变形效应。

5.2 斜拉索分组

5.2.1 应综合考虑结构受力、施工安装空间、经济性和景观造型等因素进行斜拉索分组设计，钢横梁中心距宜控制在10m～20m，每道钢横梁上宜设置3对～5对斜拉索。

5.3 锚固区混凝土结构

5.3.1 索塔锚固区混凝土侧壁宜按小偏心受压构件进行设计，钢横梁与索塔结合面塔柱混凝土应处于全截面受压状态，并在最不利作用组合效应下，其压应力应不小于1.0MPa。

5.4 钢横梁

5.4.1 钢横梁的强度、刚度及稳定性应符合现行《公路桥梁钢结构设计规范》(JTG D64)的有关规定。

5.4.2 钢横梁应设置加劲肋,其局部稳定性应符合现行《公路钢结构桥梁设计规范》(JTG D64)的有关规定。

5.4.3 钢横梁应按现行《公路钢结构桥梁设计规范》(JTG D64)进行抗疲劳设计。

5.5 连接件

5.5.1 钢拉杆的抗拉设计应符合现行《公路钢结构桥梁设计规范》(JTG D64)的有关规定。钢拉杆抗剪承载力设计值应按式(5.5.1)计算:

$$N_{vd}^{b}=\mu P_{d}/K \tag{5.5.1}$$

式中:N_{vd}^{b}——单根钢拉杆的抗剪承载力设计值;

μ——钢板与混凝土的摩擦系数,可取 0.4~0.5,或通过试验确定;

P_d——单根钢拉杆的预紧力设计值;

K——安全系数,可取 2.5。

条文说明

钢拉杆是连接钢横梁与混凝土塔柱的重要连接件,钢横梁梁端预埋钢板与塔柱间以摩擦阻力刚被克服作为连接承载能力的极限状态,摩擦阻力值取决于钢拉杆预紧力、接触面摩擦系数。钢板与混凝土的摩擦系数取值依据《滑动模板工程技术标准》(GB/T 50113—2019)第7.2.3条"混凝土与钢模板的摩擦系数取0.4~0.5"给出。

5.5.2 钢拉杆施加的预紧力应符合以下规定:

1 钢拉杆的预应力损失应按现行《公路钢筋混凝土及预应力混凝土桥涵设计规范》(JTG 3362)的有关规定计算。

2 钢拉杆张拉时,混凝土设计强度应不低于90%,弹性模量不低于标准值的80%。

5.6 防护

5.6.1 钢横梁内应设置除湿系统。

5.6.2 钢横梁防腐涂装应符合现行《公路桥梁钢结构防腐涂装技术条件》(JT/T 722)的有关规定。

5.6.3 钢拉杆防腐应符合以下要求:

1 钢拉杆外表面应采用热喷铝或锌涂层。

2 钢拉杆宜在最外层设超低模量高伸长率聚硫防腐密封胶,厚度宜为4mm,性能应满足表5.6.3的要求。

3 钢拉杆外露端应设置密封防护罩。

表 5.6.3 超低模量高伸长率聚硫防腐密封胶产品性能表

序号	项目	技术指标
1	适用期(min)	≥40,或根据用户要求
2	表干时间(h)	≤8,或根据用户要求
3	下垂度(mm)	≤1

表 5.6.3 超低模量高伸长率聚硫防腐密封胶产品性能表(续)

序号	项目		技术指标
4	弹性恢复率(%)		≥70
5	拉伸模量(MPa)	23℃	≤0.3
		-20℃	≤0.6
6	伸长率(%)		≥400
7	定伸黏结性		无破坏
8	浸水后定伸黏结性		无破坏
9	冷拉-热压后黏结性		无破坏
10	质量损失率(%)		≤5
11	盐雾试验 300h		合格
12	酸雾试验 300h		合格

条文说明

聚硫防腐密封胶不仅可以保护钢拉杆的防腐涂层，还可防止张拉时钢拉杆与混凝土黏结。

5.6.4 防护罩的钢壳应按照现行《公路桥梁钢结构防腐涂装技术条件》(JT/T 722)的有关要求进行涂装。

5.6.5 防护罩的防护钢壳与混凝土塔柱之间应进行防水密封设计。

5.6.6 斜拉索护套管应符合现行《斜拉桥钢绞线拉索技术条件》(GB/T 30826)的有关规定。

6 施工

6.1 钢横梁制造

6.1.1 钢横梁宜采用工厂制作、现场拼装的施工方式。

6.1.2 钢横梁制造应符合现行《公路钢结构桥梁制造和安装施工规范》(JTG/T 3651)的有关规定。

6.1.3 钢横梁应在厂内进行预拼装。

6.2 钢横梁安装

6.2.1 钢横梁的吊装可分为整体吊装和分块吊装。

6.2.2 钢横梁安装应符合现行《公路桥涵施工技术规范》(JTG/T 3650)和《公路钢结构桥梁制造与安装施工规范》(JTG/T 3651)的有关规定。

6.2.3 钢横梁吊装与调位应满足下列要求：

1 钢横梁安装应采用塔式起重机或其他提升设备吊装就位、初调，在其安装位置应设置限位装置，辅助初步定位。

2 在节段连接处附近应设置临时支承，节段就位后应及时调位，并与相邻节段完成临时连接及锁定，形成稳定结构后，应复测平面位置和高程，符合本规程和设计要求后方可进行下一节段吊装。

3 在首个吊装节段精调后，应采用拉设缆风绳、设置型钢支架等措施进行临时固定，防止倾覆。

4 钢横梁整体成型后，应再次进行测量、调位。

5 节段和整体精确调位宜采用三向千斤顶，局部可采用螺旋千斤顶辅助调位。

6.2.4 塔柱钢筋、劲性骨架安装应符合下列要求：

1 应准确控制钢横梁侧塔柱主筋的预埋间距。

2 塔柱预埋钢板与主筋之间设置短钢筋时，应合理确定主筋、箍筋的安装顺序，以满足短钢筋焊接空间要求。

3 用于钢拉杆支撑和辅助定位的型钢支撑架，应结合钢筋定位劲性骨架设置，并局部加强，防止下挠。

6.2.5 钢拉杆的安装应满足下列要求：

1 应对进场钢拉杆与螺母数量、型号、尺寸、规格等进行检查，逐一核对，并做好进场材料统计。

2 验收合格的钢拉杆表面应现场涂抹防腐密封胶进行防护，待密封胶干燥后，采用吊带吊装，当密封胶破损时，应由专业人员现场补涂。

3 钢拉杆由塔式起重机配合人工穿入钢横梁内，精确定位后，依次安装钢拉杆预埋混凝土段内螺旋筋、锚垫板、螺母等。

4 对钢拉杆外露部分的垫板、螺母、螺纹等应进行防护。

6.2.6 塔柱混凝土浇筑应满足下列要求：

1 在混凝土浇筑前，应采取措施保证钢横梁与混凝土塔柱结合处无污染，剪力钉数量、质量应满足设计要求。

2 钢横梁钢拉杆数量与防腐应已按设计要求执行到位。

3 塔柱混凝土浇筑时，应加强结合面混凝土振捣，布料厚度控制在300mm～500mm之间，振捣棒严禁碰撞钢拉杆。

6.2.7 钢拉杆的张拉应满足下列要求：

1 钢横梁对应塔柱节段混凝土浇筑完成且强度达到设计要求，方可进行钢拉杆张拉。

2 张拉顺序应按设计规定的要求进行，设计无要求时，宜由钢拉杆群中央向四周、对称张拉，从接头刚度大的部位向约束小的方向张拉。

3 张拉前应进行预张拉，分级进行，正式张拉时钢拉杆应张拉到设计值的1.05～1.10倍，并持荷5min，再卸载至设计锁定值，并按设计要求进行锁定。

4 钢拉杆张拉完成，应由专业单位采用超声法无损检测和螺纹外露长度检测双控方法进行检测。

6.2.8 防护钢壳的安装应满足下列要求：

1 钢壳防腐应严格按图纸执行。

2 钢壳外的锚管延伸管应满足减振装置安装要求，其长度不宜过长。

3 延伸管处的减振装置宜在斜拉索安装完成后进行。

4 钢壳安装完成后，钢壳与塔壁间的间隙应采取钢结构与防腐胶相结合的封闭方式，防止漏水。

6.3 斜拉索安装

6.3.1 斜拉索宜采用钢箱梁或混凝土梁端锚固，钢横梁端张拉工艺。

6.3.2 斜拉索安装应在钢横梁及钢壳所有构件安装完成，且钢拉杆张拉到位后进行。

6.4 质量控制

6.4.1 钢横梁安装允许偏差除应符合表6.4.1的规定外，尚应符合现行国家和行业标准的有关规定。

表6.4.1 钢横梁安装允许偏差

编号	检验项目	规定值或允许偏差
1	钢横梁平面位置(mm)	±5
2	垂直度(mm)	2
3	钢横梁底部高程(mm)	±5
4	两塔柱横梁中心处高程的相对差(mm)	2
5	斜拉索锚固点高程(mm)	±10
6	索导管出口平面位置(mm)	±10
7	索导管出口高程(mm)	±10

表 6.4.1 钢横梁安装允许偏差(续)

编号	检验项目		规定值或允许偏差
8	钢拉杆中心平面位置偏差(mm)		±5
9	钢拉杆与承压面垂直度偏差(°)		±0.2
10	连接	焊缝尺寸及外观	符合设计要求
		超声、射线探伤	
		高强螺栓力矩(N·m)	±10%
		钢拉杆预紧力	±10%
11	高强螺栓摩擦面抗滑移系数		架设时不小于0.45

用词说明

1 本规程执行严格程度的用词,采用下列写法:

1) 表示严格,在正常情况下均应这样做的用词,正面词采用"应",反面词采用"不应"或"不得"。

2) 表示允许稍有选择,在条件许可时首先应这样做的用词,正面词采用"宜",反面词采用"不宜"。

3) 表示有选择,在一定条件下可以这样做的用词,采用"可"。

2 引用标准的用语采用下列写法:

1) 当引用的标准为国家标准或行业标准时,表述为"应符合《××××××》(×××)的有关规定"。

2) 当引用本规程中的其他规定时,表述为"应符合本规程第×章的有关规定""应符合本规程第×.×节的有关规定""应按本规程第×.×.×条的有关规定执行"。